PETITS PRATIQUES CUISINE

Craquants et fondants

Crumbles et Tatins

Cyril Lignac
Nicole Seeman

Photographies : Valéry GUEDES
Stylisme : Natacha ARNOULT
Reportage : Philippe VAURÈS-SANTAMARIA

HACHETTE
Pratique

Sommaire

Signification des symboles

★ très facile	€ bon marché
★★ facile	€€ raisonnable
★★★ difficile	€€€ cher

Ma petite collection rien que pour vous...

Parce qu'il est temps de sortir des clichés qui opposent cuisine de chef et cuisine de tous les jours, j'ai décidé de vous donner le meilleur de mes recettes. La collection des Petits Pratiques Hachette, qui marie depuis longtemps le beau et le bon, va mettre tous mes secrets à votre portée.

En effet, moi aussi je me fais la cuisine au quotidien, moi aussi je suis accro au chocolat, nostalgique des tartes Tatin de ma mère ou des purées de mon enfance, alors pourquoi garder pour moi des secrets de cuisine que vous pouvez aussi faire chez vous ?

Que ce soit pour les dîners de pâtes à la fin du mois, les soirées en tête-à-tête ou les dimanches avec les parents, toutes les occasions sont bonnes pour se mettre en cuisine et régaler ses invités. Pas besoin d'être un chef pour cela, il suffit de suivre mes conseils...

J'ai donc imaginé pour vous des recettes hyper simples, expliquées en détail et toujours illustrées, pour vous donner des idées de présentation originales qui feront de l'effet. Dans chaque recette, je vous propose mes trucs et mes astuces de chef pour bien choisir vos produits, faire les bons gestes ou ne pas rater l'étape cruciale de la cuisson : bref, tout ce qui vous aidera à réussir vos recettes à tous les coups !

Faites-moi confiance, relevez vos manches et on va se régaler...

Cyril Lignac

Saveurs estivales

Crumble aux cerises et au miel

Pour **4 personnes** – Préparation : **20 minutes** – Cuisson : **35 minutes**

Difficulté : ★ - Coût : €

- 500 g de cerises
- 2 brins de romarin
- 75 g de beurre
- 4 cuil. à soupe de miel
- 100 g de sucre
- 100 g de farine
- Sel

1 Préchauffez le four à 180 °C (th. 6). Coupez les cerises en deux et dénoyautez-les. Disposez-les dans un plat allant au four.

2 Faites chauffer le miel dans une petite casserole et portez-le à ébullition. Ajoutez les brins de romarin, retirez du feu et laissez infuser pendant 5 min. Enlevez les brins de romarin puis versez le miel sur les cerises et mélangez.

3 Coupez le beurre en petits morceaux. Placez-les dans un bol avec la farine, le sucre et une pincée de sel. Malaxez le tout avec les doigts. Le résultat doit être assez granuleux.

4 Répartissez le mélange de crumble sur les cerises, enfournez et laissez cuire pendant 30 min.

LE CONSEIL DE CYRIL

Si vous n'avez pas de romarin, vous pouvez utiliser un miel parfumé, par exemple du miel d'acacia ou de lavande.

Salade de fraises en crumble au citron vert

Pour **6 personnes** – Préparation : **20 minutes** – Cuisson : **15 minutes**

Difficulté : ★ - Coût : €

- 750 g de fraises (type mara des bois ou gariguette de préférence)
- 1 citron vert
- 50 g de beurre demi-sel
- 50 g de poudre d'amandes
- 70 g de sucre
- 50 g de farine

1 Préchauffez le four à 180 °C (th. 6). Zestez le citron vert et pressez-le. Coupez les fraises en dés. Mélangez-les avec le jus de citron, les zestes et 20 g de sucre. Placez la préparation au réfrigérateur.

2 Coupez le beurre en petits morceaux. Placez-les dans un bol avec la farine, le sucre restant et la poudre d'amandes. Malaxez le tout avec les doigts. Le résultat doit être assez granuleux.

3 Étalez grossièrement la pâte à crumble sur une plaque à pâtisserie antiadhésive ou sur une plaque couverte de papier sulfurisé. Enfournez et laissez cuire pendant 15 min.

4 Sortez la pâte du four. Laissez-la tiédir puis émiettez-la avec les doigts. Versez la salade de fraises dans des verres ou des bols. Répartissez dessus les miettes de crumble et servez.

Le conseil de Cyril

Vous pouvez réaliser cette recette avec d'autres fruits en fonction de la saison, par exemple des poires, des prunes...

Crumble à la rhubarbe et aux spéculoos

Pour **6 personnes** – Préparation : **20 minutes** – Cuisson : **1 heure**

Difficulté : ★★ - Coût : €

- 1,5 kg de tiges de rhubarbe
- 120 g de beurre
- 225 g de miel
- 200 g de spéculoos
- 90 g de sucre
- Sel

1 Préchauffez le four à 180 °C (th. 6). Mixez les spéculoos ou écrasez-les avec un rouleau à pâtisserie pour obtenir des miettes assez fines.

2 Ôtez les extrémités des tiges de rhubarbe puis coupez-les en tronçons de 3 cm de long environ, en retirant les fils au fur et à mesure. Posez-les dans une cocotte ou une casserole et versez-y le miel. Faites chauffer à petits bouillons puis laissez cuire pendant 30 min en remuant de temps en temps. À la fin, il ne doit plus rester de morceaux.

3 Coupez le beurre en petits morceaux. Placez-les dans un bol avec le sucre, les miettes de spéculoos et une pincée de sel. Malaxez le tout avec les doigts. Le résultat doit être assez granuleux.

4 Versez le mélange miel-rhubarbe dans un plat allant au four. Répartissez dessus le mélange de crumble puis enfournez et laissez cuire pendant 25 min.

Le conseil de Cyril

La rhubarbe a une saveur acide qui contraste avec le goût sucré des spéculoos. Si vous préférez que la rhubarbe soit plus douce, vous pouvez rajouter du sucre dans la casserole avec le mélange miel-rhubarbe.

Crumble de pêches aux pistaches

Pour **6 personnes** – Préparation : **20 minutes** – Cuisson : **35 minutes**

Difficulté : ★ - Coût : €

- 8 pêches ou nectarines
- 75 g de beurre
- 100 g de pistaches non salées
- 100 g de sucre
- 100 g de farine
- Sel

1 Préchauffez le four à 180 °C (th. 6). Concassez les pistaches et faites-les dorer dans une poêle antiadhésive, sans matière grasse.

2 Faites bouillir de l'eau et plongez-y les pêches pendant 30 sec. Laissez-les tiédir puis pelez-les. Tranchez-les en deux, retirez le noyau puis coupez-les en tranches de 1 cm d'épaisseur environ.

3 Coupez le beurre en petits morceaux. Placez-les dans un bol avec la farine, le sucre, les pistaches grillées et une pincée de sel. Malaxez le tout avec les doigts. Le résultat doit être assez granuleux.

4 Disposez les pêches dans un plat allant au four puis recouvrez-les du mélange de crumble. Enfournez et laissez cuire pendant 25 min environ.

LE CONSEIL DE CYRIL

Ce crumble sera délicieux accompagné d'une bonne glace à la pistache.

Crumble de prunes au pain d'épices

Pour **4 personnes** – Préparation : **20 minutes** – Cuisson : **25 minutes**

Difficulté : ★ - Coût : €

- 800 g de prunes
- 80 g de beurre
- 150 g de pain d'épices
- 60 g de sucre
- Sel

1 Préchauffez le four à 180 °C (th. 6). Coupez les prunes en deux et dénoyautez-les. Passez le pain d'épices au mixeur pour obtenir des miettes assez grossières.

2 Coupez le beurre en petits morceaux. Placez-les dans un bol avec le sucre, le pain d'épices et une pincée de sel. Malaxez le tout avec les doigts. Le résultat doit être assez granuleux.

3 Disposez les prunes dans un plat allant au four puis recouvrez-les du mélange de crumble. Enfournez et laissez cuire pendant 25 min environ.

LE CONSEIL DE CYRIL

Vous pouvez cuisiner ce crumble avec des reines-claudes, des mirabelles ou tout simplement des pommes qui se marieront très bien avec le pain d'épices.

Tatin aux figues et aux épices

Pour **6 personnes** – Préparation : **10 minutes** – Cuisson : **30 minutes** – Repos : **10 minutes**
Difficulté : ★★ - Coût : €

- 500 g de figues fraîches bien mûres
- 60 g de beurre
- 1 rouleau de pâte feuilletée
- 1 cuil. à café de gingembre en poudre
- 1 cuil. à café de badiane en poudre
- 1 cuil. à café de cannelle en poudre
- 75 g de sucre

1 Préchauffez le four à 200 °C (th. 7). Ôtez les pédoncules des figues et coupez-les en deux dans le sens de la hauteur.

2 Faites fondre 40 g de beurre dans une grande poêle antiadhésive puis versez-y le sucre. Ajoutez les figues, côté chair contre la poêle. Laissez-les cuire à feu moyen pendant 3 min sans les retourner.

3 Posez les figues dans un moule antiadhésif, côté chair contre le fond. Coupez les 20 g de beurre restants en lamelles. Répartissez-les sur les figues puis recouvrez-les avec la pâte. Coupez ses bords si elle est trop grande et faites-la entrer dans le moule. Piquez-la avec la pointe d'un couteau. Enfournez et laissez cuire pendant 25 min.

4 Mélangez les épices. Sortez le moule du four, laissez reposer 10 min. Posez dessus le plat de service, retournez le tout d'un coup sec puis retirez le moule. Saupoudrez les épices sur les figues et servez.

Le conseil de Cyril

Si vous avez de la badiane ou de la cannelle en bâton, vous pouvez les utiliser pour cette recette en les écrasant dans un mortier. Le résultat n'en sera que plus savoureux.

Tatin au melon et au miel

Pour **6 personnes** – Préparation : **15 minutes** – Cuisson : **35 minutes** – Repos : **5 minutes**
Difficulté : ★★ - Coût : €

- 2 melons (type Cavaillon)
- Le jus de 1/2 citron
- 1 rouleau de pâte brisée
- 4 cuil. à soupe de miel

1 Préchauffez le four à 200 °C (th. 7). Tranchez les melons en deux, videz les graines. Coupez chaque demi-melon en quatre puis détachez délicatement la chair de l'écorce à l'aide d'un couteau. Coupez les tranches de melon en deux dans le sens de la longueur.

2 Faites chauffer le miel avec le jus de citron dans une grande poêle antiadhésive à feu moyen. Ajoutez les tranches de melon, laissez cuire 3 min puis retournez-les délicatement avec une spatule. Faites-les cuire encore 3 min.

3 Répartissez harmonieusement les tranches de melon au fond d'un moule antiadhésif puis recouvrez-les avec la pâte. Coupez ses bords si elle est trop grande et faites-la entrer à l'intérieur du moule. Piquez-la avec la pointe d'un couteau. Enfournez et laissez cuire pendant 25 min.

4 Sortez la tarte et laissez-la tiédir pendant 5 min. Posez le plat de service sur le moule, retournez le tout d'un coup sec puis retirez le moule.

LE CONSEIL DE CYRIL

Vous pouvez aussi servir cette tarte en entrée, accompagnée de jambon de Parme. Dans ce cas, poêlez le melon dans du beurre au lieu du miel.

Tatin aux abricots et aux amandes

Pour **6 personnes** – Préparation : **15 minutes** – Cuisson : **55 minutes** – Repos : **10 minutes**

Difficulté : ★★ - Coût : €

- 1 kg d'abricots
- 75 g de beurre
- 1 rouleau de pâte brisée
- 40 g d'amandes effilées
- 150 g de sucre

1 Préchauffez le four à 210 °C (th. 7). Coupez les abricots en deux et retirez le noyau. Faites dorer les amandes dans une poêle antiadhésive bien chaude, sans matière grasse. Concassez-les grossièrement.

2 Versez 100 g de sucre et 50 g de beurre en morceaux dans un moule antiadhésif allant sur le feu. Posez-le sur un feu vif. Quand le caramel devient doré, retirez du feu. Disposez les demi-abricots sur le caramel, face bombée contre le moule. Remettez sur feu moyen et laissez cuire pendant 15 min. Retirez du feu.

3 Répartissez 50 g de sucre et 25 g de beurre en lamelles ainsi que les amandes grillées sur les abricots, puis recouvrez-les avec la pâte. Coupez ses bords si elle est trop grande et faites-la entrer dans le moule. Piquez-la avec la pointe d'un couteau. Enfournez et laissez cuire pendant 30 min.

4 Sortez le moule du four et laissez reposer 10 min. Posez dessus le plat de service, retournez le tout d'un coup sec puis retirez le moule.

Le conseil de Cyril

Pour cette tarte, l'accompagnement idéal est tout simplement une bonne crème fraîche épaisse.

Collection automne / hiver

Crumble de bananes et fruits de la passion à la noix de coco

Pour **6 personnes** – Préparation : **15 minutes** – Cuisson : **30 minutes**

Difficulté : ★ - Coût : €

- 6 bananes
- 5 fruits de la passion
- 100 g de beurre
- 75 g de noix de coco en poudre
- 75 g de sucre
- 75 g de farine
- Sel

1 Préchauffez le four à 180 °C (th. 6). Pelez les bananes, coupez-les en rondelles et mettez-les dans un plat allant au four. Coupez les fruits de la passion en deux et mélangez les graines et le jus avec les rondelles de banane.

2 Coupez le beurre en petits morceaux. Placez-les dans un bol avec la farine, le sucre, la noix de coco et une pincée de sel. Malaxez le tout avec les doigts. Le résultat doit être assez granuleux.

3 Répartissez le mélange de crumble sur les bananes. Enfournez et laissez cuire pendant 30 min.

Le conseil de Cyril

Pour rester dans les saveurs exotiques, vous pouvez servir ce crumble avec une glace à la noix de coco.

Crumble de pommes vertes à la noisette

Pour **8 personnes** – Préparation : **30 minutes** – Cuisson : **30 minutes**

Difficulté : ★ - Coût : €

- 8 pommes vertes Granny
- 120 g de beurre
- 120 g de noisettes sans la coquille
- 8 cuil. à soupe de sirop d'érable
- 120 g de sucre
- 120 g de farine
- Sel

1 Préchauffez le four à 180 °C (th. 6). Mixez les noisettes pour les réduire en poudre grossière.

2 Coupez le beurre en petits morceaux. Placez-les dans un bol avec la farine, le sucre, la poudre de noisettes et une pincée de sel. Malaxez le tout avec les doigts. Le résultat doit être assez granuleux.

3 Coupez les pommes en quartiers, pelez-les, retirez le trognon et coupez la chair en petits dés. Disposez-les dans un plat allant au four.

4 Recouvrez les pommes du mélange de crumble, enfournez et laissez cuire pendant 30 min. Servez accompagné du sirop d'érable.

Le conseil de Cyril

Pour un agréable effet chaud-froid, vous pouvez également mélanger le sirop d'érable à du fromage blanc ou à de la crème fraîche épaisse.

Crumbles de pamplemousses et d'oranges au sucre roux et à la cannelle

Pour **4 personnes** – Préparation : **20 minutes** – Cuisson : **30 minutes**

Difficulté : ★★ - Coût : €

- 2 pamplemousses roses
- 4 oranges
- 4 feuilles de menthe
- 90 g de beurre
- 2 cuil. à soupe d'eau de fleur d'oranger
- 1 cuil. à café de cannelle
- 90 g de sucre roux
- 90 g de farine
- Sel

1 Préchauffez le four à 200 °C (th. 7). Retirez l'écorce et la peau blanche des pamplemousses et des oranges et détachez délicatement les segments. Disposez-les dans 4 ramequins allant au four et versez dessus l'eau de fleur d'oranger.

2 Coupez le beurre en petits morceaux. Placez-les dans un bol avec la farine, le sucre, la cannelle et une pincée de sel. Malaxez le tout avec les doigts. Le résultat doit être assez granuleux.

3 Répartissez le mélange de crumble dans les ramequins. Enfournez et laissez cuire pendant 30 min. Coupez les feuilles de menthe en fines lanières. Sortez les plats du four et servez avec la menthe.

Le conseil de Cyril

Si vous trouvez les agrumes trop acides, vous pouvez les adoucir en les mélangeant avec un peu de miel avant la cuisson.

Crumble de poires au chocolat

Pour **6 personnes** – Préparation : **25 minutes** – Cuisson : **30 minutes**

Difficulté : ★ - Coût : €

- 6 poires
- 125 g de beurre
- 125 g de chocolat noir
- 125 g de sucre
- 125 g de farine
- Sel

1 Préchauffez le four à 200 °C (th. 7). Coupez les poires en quatre, pelez-les, retirez le trognon et coupez la chair en petits dés. Disposez-les dans un plat allant au four.

2 Concassez le chocolat. Coupez le beurre en petits morceaux. Placez-les dans un bol avec la farine, le sucre, le chocolat et une pincée de sel. Malaxez le tout avec les doigts. Le résultat doit être assez granuleux.

3 Répartissez le mélange de crumble dans le plat. Enfournez et laissez cuire pendant 30 min.

Le conseil de Cyril

Pour relever ce plat, vous pouvez ajouter un peu de gingembre frais râpé dans le mélange de crumble.

Tatin classique aux pommes

Pour **6 personnes** – Préparation : **40 minutes** – Cuisson : **40 minutes** – Repos : **30 minutes**
Difficulté : ★★ - Coût : €

- 1 kg de pommes
- 120 g de beurre
- 60 g de sucre en poudre
- 100 g de sucre en morceaux
- 250 g de farine
- Sel

1 Préchauffez le four à 210 °C (th. 7). Pour préparer la pâte, mélangez dans un saladier 200 g de farine, 30 g de sucre en poudre et une pincée de sel. Ajoutez 100 g de beurre coupés en petits morceaux et malaxez le tout avec les doigts. Versez 10 cl d'eau en remuant bien avec une cuillère en bois. Formez une boule avec la pâte. Elle ne doit pas être trop collante. Si c'est le cas, rajoutez un peu de farine. Emballez-la dans du film alimentaire et placez-la au réfrigérateur pendant 30 min.

2 Faites chauffer le sucre en morceaux avec 3 cuillerées à soupe d'eau dans une casserole à feu vif jusqu'à ce que le mélange prenne une couleur caramel. Retirez-le du feu et versez-le immédiatement dans un moule antiadhésif.

3 Étalez la pâte avec un rouleau à pâtisserie sur un plan de travail fariné jusqu'à former un rond de la taille de votre moule.

4 Coupez les pommes en huit, pelez-les et retirez le trognon. Répartissez-les en cercles dans le moule. Saupoudrez de 30 g de sucre puis ajoutez les 20 g de beurre restants coupés en lamelles. Recouvrez avec la pâte. Coupez ses bords si elle est trop grande et faites-la entrer dans le moule. Piquez-la avec la pointe d'un couteau. Enfournez et laissez cuire pendant 30 min.

5 Sortez le moule du four. Posez dessus le plat de service, retournez le tout d'un coup sec puis retirez le moule.

Les conseils de Cyril

Cette tarte s'accordera à merveille avec une bonne glace à la vanille ou de la crème fraîche épaisse. Si vous n'avez pas le temps de préparer la pâte brisée, vous pouvez en utiliser une toute faite.

Tatin aux mangues et au citron vert

Pour **6 personnes** – Préparation : **25 minutes** – Cuisson : **40 minutes** – Repos : **10 minutes**

Difficulté : ★★ - Coût : €€

- 6 mangues
- 40 g de beurre
- 1 rouleau de pâte feuilletée
- 80 g de sucre

Pour la sauce :

- 1 citron vert
- 15 cl de lait de coco
- 20 g de sucre

1 Préchauffez le four à 200 °C (th. 7). Pelez les mangues et coupez-les en grosses lamelles. Faites fondre le beurre dans une grande poêle antiadhésive à feu moyen. Posez-y les lamelles de mangues. Saupoudrez-les avec 80 g de sucre puis laissez-les caraméliser pendant environ 8 min, en les retournant à mi-cuisson.

2 Répartissez harmonieusement les lamelles de mangues dans un moule antiadhésif. Versez dessus le jus restant dans la poêle. Recouvrez avec la pâte. Coupez ses bords si elle est trop grande et faites-la entrer dans le moule. Piquez-la avec la pointe d'un couteau. Enfournez et laissez cuire pendant 30 min.

3 Pendant la cuisson, zestez le citron vert et pressez-le. Faites chauffer le lait de coco à feu vif, ajoutez le jus de citron et 20 g de sucre. Mélangez et faites bouillir pendant 1 min puis retirez du feu.

4 Sortez le moule du four. Laissez reposer 10 min. Posez dessus le plat de service, retournez le tout d'un coup sec puis retirez le moule. Répartissez les zestes de citron sur la tarte. Servez-la accompagnée de la sauce au lait de coco.

LE CONSEIL DE CYRIL

Pour que cette tarte soit vraiment goûteuse, choisissez des mangues bien mûres, avec un parfum prononcé.

Tatins de bananes, sauce au chocolat

Pour **4 personnes** – Préparation : **15 minutes** – Cuisson : **35 minutes**

Difficulté : ★★ - Coût : €

- 4 bananes
- 80 g de beurre
- 1 rouleau de pâte sablée
- 120 g de sucre

Pour la sauce :

- 20 cl de crème liquide
- 100 g de chocolat noir

(avec une teneur d'au moins 60 % de cacao)

1 Préchauffez le four à 200 °C (th. 7). Faites fondre le beurre à feu vif dans une casserole, versez-y le sucre. Quand le mélange prend une couleur caramel, retirez-le du feu et versez-le immédiatement dans 4 moules à tartelette antiadhésifs.

2 Coupez les bananes en rondelles de 1 cm environ. Posez-les dans les moules. Découpez des disques de pâte à l'aide de l'un des moules vides. Posez-les sur les bananes et faites entrer la pâte à l'intérieur des moules. Piquez-la avec la pointe d'un couteau. Enfournez et laissez cuire pendant 25 min.

3 Cassez le chocolat en petits morceaux et faites-les fondre à feu très doux dans une casserole. Quand ils sont fondus, versez la crème liquide et mélangez, puis retirez du feu.

4 Sortez les tartes du four. Posez une assiette sur chaque moule, retournez d'un coup sec puis retirez les moules. Servez les tartes accompagnées de la sauce au chocolat.

LE CONSEIL DE CYRIL

Vous pouvez ajouter un peu de rhum dans la sauce au chocolat pour la corser.

Des légumes !

Crumbles d'aubergines farcies à la tomate et au parmesan

Pour **4 personnes** – Préparation : **20 minutes** – Cuisson : **1 heure**

Difficulté : ★★ - Coût : €

- 2 grosses aubergines
- 4 tomates
- 4 feuilles de basilic
- 100 g de beurre
- 100 g de parmesan râpé
- 40 g de pignons de pin
- 100 g de farine
- 4 cuil. à soupe de vinaigre balsamique
- 2 cuil. à soupe d'huile d'olive
- Sel, poivre

1 Préchauffez le four à 200 °C (th. 7). Coupez les aubergines en deux dans le sens de la longueur. Entaillez leur chair avec un couteau et badigeonnez-les avec l'huile d'olive. Posez les demi-aubergines sur une plaque antiadhésive ou sur une plaque couverte de papier sulfurisé. Enfournez et laissez cuire pendant 30 min.

2 Pendant ce temps, faites dorer les pignons de pin dans une poêle antiadhésive, sans matière grasse. Coupez le beurre en petits morceaux. Placez-les dans un bol avec la farine, le parmesan et les pignons de pin. Malaxez le tout avec les doigts. Le résultat doit être assez granuleux. Coupez les tomates en quartiers. Videz les pépins et le jus puis découpez la chair en petits dés. Taillez les feuilles de basilic en fines lanières.

3 Quand les aubergines sont cuites, sortez-les du four en le laissant allumé. Videz délicatement la chair à l'aide d'une cuillère à soupe ou d'un couteau, sans déchirer la peau. Hachez grossièrement la chair et mélangez-la avec les dés de tomates, le vinaigre balsamique et les lanières de basilic. Salez et poivrez bien.

4 Farcissez les demi-aubergines avec la préparation à la tomate. Répartissez dessus le mélange de crumble au parmesan puis replacez-les au four pour 25 min de cuisson.

Le conseil de Cyril

Pour une présentation plus originale, faites cuire les aubergines entières, coupez leur base pour qu'elles tiennent debout. Évidez-les et procédez de la même façon pour la suite de la recette. Vous n'aurez besoin que de la moitié des proportions indiquées pour la pâte à crumble.

Crumble aux épinards et au fromage frais

Pour **4 personnes** – Préparation : **15 minutes** – Cuisson : **35 minutes**

Difficulté : ★ - Coût : €

- 200 g de pousses d'épinards
- 240 g de fromage frais (type Kiri®)
- 300 g de fromage blanc en faisselle
- 100 g de beurre demi-sel
- 60 g de cerneaux de noix
- 140 g de gâteaux secs (type Petit Beurre®)
- Sel et poivre

1 Préchauffez le four à 180 °C (th. 6). Faites fondre 20 g de beurre dans une casserole puis ajoutez-y les pousses d'épinards. Salez puis remuez. Arrêtez la cuisson quand elles sont bien tendres, au bout de 3 min environ. Égouttez-les bien et hachez-les.

2 Coupez grossièrement les cerneaux de noix. Dans un bol, mélangez les épinards, le fromage frais, les noix et la faisselle. Salez et poivrez.

3 Écrasez les gâteaux avec un rouleau à pâtisserie ou réduisez-les en poudre grossière avec un mixeur. Coupez le beurre restant en petits morceaux. Placez-les dans un bol avec les miettes de gâteaux. Malaxez avec les doigts. Le résultat doit être assez granuleux.

4 Versez la préparation aux épinards dans un plat allant au four. Répartissez dessus le mélange de crumble. Enfournez et laissez cuire pendant 30 min.

LE CONSEIL DE CYRIL

Vous pouvez aussi réaliser cette recette avec des bouquets de brocolis dont vous retirerez les tiges.

Tatin d'endives au fromage de chèvre

Pour **4 personnes** – Préparation : **15 minutes** – Cuisson : **45 minutes**

Difficulté : ★★ - Coût : €

- 6 endives
- Le jus de 1/2 citron
- 6 brins d'estragon
- 4 crottins de Chavignol
- 40 g de beurre
- 3 feuilles de brick
- 20 g de sucre
- 1 cuil. à soupe d'huile
- Sel

1 Coupez la base des endives sur environ 2 cm pour séparer les feuilles puis jetez celles qui sont abîmées. Faites chauffer le beurre, le sucre et le jus de citron dans une poêle à feu moyen. Quand le sucre est fondu, ajoutez-y les feuilles d'endives, salez-les et faites-les cuire 30 min en les retournant à mi-cuisson. Il faut qu'elles deviennent bien molles et dorées, sans brûler.

2 Préchauffez le four à 180 °C (th. 6). Disposez les endives cuites dans un moule antiadhésif. Coupez les crottins de Chavignol en lamelles puis posez-les sur les endives. Effeuillez l'estragon et répartissez-le sur le fromage.

3 Placez une feuille de brick sur le moule, coupez-en les bords si elle est trop grande puis badigeonnez-la d'huile. Recommencez dessus avec les 2 autres feuilles de brick. Enfournez et laissez cuire pendant 15 min.

4 Sortez le moule du four. Posez dessus le plat de service, retournez le tout d'un coup sec puis retirez le moule.

LE CONSEIL DE CYRIL

Vous pouvez remplacer l'estragon par d'autres herbes suivant votre goût, par exemple par du basilic ou de la menthe.

Tatins de tomates cerises au vinaigre balsamique

Pour **4 personnes** – Préparation : **10 minutes** – Cuisson : **30 minutes** – Repos : **5 minutes**

Difficulté : ★★ - Coût : €€

- 500 g de tomates cerises
- 1 rouleau de pâte à pizza
- 2 cuil. à soupe de sucre
- 10 cl de vinaigre balsamique
- 4 cuil. à soupe d'huile d'olive
- Sel

1 Préchauffez le four à 180 °C (th. 6). Faites chauffer l'huile d'olive à feu moyen dans une grande poêle antiadhésive. Faites-y revenir les tomates pendant 5 min en les remuant délicatement. Ajoutez le vinaigre balsamique, le sucre et le sel. Laissez cuire pendant encore 5 min. La sauce doit devenir légèrement sirupeuse.

2 Disposez les tomates dans 4 moules à tartelette antiadhésifs. Versez la sauce dessus. Coupez 4 disques de pâte à l'aide de l'un des moules vides. Posez-les sur les tomates et faites entrer la pâte à l'intérieur des moules. Piquez-la avec la pointe d'un couteau. Enfournez et laissez cuire pendant 20 min.

3 Sortez les moules du four, laissez-les tiédir 5 min. Posez dessus les assiettes de service, retournez d'un coup sec puis retirez les moules.

Le conseil de Cyril

La pâte à pizza est croustillante. Si vous préférez des tartes plus moelleuses, utilisez de la pâte brisée. Dans ce cas, il faut prolonger la cuisson de 10 min.

Pour en faire tout un plat

Crumble de cabillaud au lait de coco et au curry

Pour **4 personnes** – Préparation : **15 minutes** – Cuisson : **15 minutes**

Difficulté : ★ - Coût : € €

- 600 g de cabillaud sans la peau et sans arêtes
- 1 citron
- 4 brins de coriandre fraîche
- 90 g de beurre
- 20 cl de lait de coco
- 120 g de chapelure
- 1 cuil. à soupe de curry en poudre
- Sel

1 Préchauffez le four à 180 °C (th. 6). Coupez la chair de cabillaud en dés de 1 cm de côté environ. Zestez le citron et pressez-le. Mélangez le lait de coco avec 3 cuillerées à soupe de jus de citron, le curry et une pincée de sel.

2 Coupez le beurre en petits morceaux. Placez-les dans un bol avec la chapelure, les zestes de citron et une pincée de sel. Malaxez avec les doigts. Le résultat doit être assez granuleux.

3 Disposez les dés de cabillaud dans un plat allant au four et mélangez-les avec la sauce au lait de coco. Répartissez dessus le mélange de crumble.

4 Enfournez et laissez cuire pendant 15 min. Effeuillez la coriandre. Sortez du four et servez avec la coriandre.

LE CONSEIL DE CYRIL

Vous pouvez également réaliser cette recette avec du thon rouge ou du saumon.

Crumble de poulet aux herbes et à la mimolette

Pour **4 personnes** – Préparation : **20 minutes** – Cuisson : **30 minutes**

Difficulté : ★ - Coût : € €

- 4 blancs de poulet
- 12 feuilles de basilic
- 12 feuilles de menthe
- 4 brins d'estragon
- 2 yaourts brassés (type yaourt bulgare)
- 75 g de mimolette vieille
- 75 g de beurre
- 75 g de farine
- 2 cuil. à café de moutarde douce (type Savora®)
- Sel, poivre

1 Préchauffez le four à 180 °C (th. 6). Coupez les blancs de poulet en petits dés. Effeuillez l'estragon. Ciselez les herbes en fines lanières. Mélangez les yaourts avec la moutarde et les herbes. Salez et poivrez puis versez la préparation sur les dés de poulet. Mélangez bien le tout et transvasez dans un plat allant au four.

2 Mixez la mimolette pour la réduire en poudre grossière. Coupez le beurre en petits morceaux. Placez-les dans un bol avec la farine, la mimolette et une pincée de sel. Malaxez avec les doigts. Le résultat doit être assez granuleux.

3 Répartissez le mélange de crumble sur le poulet, enfournez et laissez cuire pendant 30 min.

LE CONSEIL DE CYRIL

Choisissez une mimolette bien affinée et cassante, elle donnera un crumble plus savoureux et croustillant.

Tartare de thon en crumble à la tapenade

Pour **4 personnes** – Préparation : **30 minutes** – Cuisson : **10 minutes**

Difficulté : ★★ - Coût : €€€

- 500 g de filet de thon rouge sans la peau et sans arêtes
- 1 poivron rouge
- 2 petits oignons frais
- 1 orange
- 25 g de beurre
- 25 g de feta
- 25 g de tapenade
- 50 g de chapelure
- 4 cuil. à soupe d'huile d'olive
- Sel

1 Préchauffez le four à 180 °C (th. 6). Coupez le beurre en petits morceaux. Placez-les dans un bol avec la feta, la tapenade et la chapelure. Malaxez le tout avec les doigts. Le résultat doit être assez granuleux.

2 Étalez grossièrement la pâte à crumble sur une plaque à pâtisserie antiadhésive ou sur une plaque couverte de papier sulfurisé. Enfournez et laissez cuire pendant 10 min.

3 Coupez la chair du thon en cubes de 1 cm de côté environ. Prélevez le zeste de l'orange, coupez-la en deux et pressez-en la moitié. Mélangez le jus obtenu avec l'huile d'olive. Coupez le poivron en deux, retirez-lui les graines et les membranes blanches et coupez-le en petits dés. Ôtez les 2 extrémités des oignons en laissant 3 cm de vert. Retirez une couche de la peau des oignons si elle est abîmée. Coupez la partie blanche en petits dés et émincez finement le vert.

4 Mélangez les cubes de thon avec le poivron, l'oignon, les zestes d'orange et la sauce à l'orange. Salez. Versez ce mélange dans des verres ou des bols et placez-les au frais.

5 Sortez le crumble à la tapenade du four et laissez-le refroidir. Émiettez-le grossièrement. Au moment de servir, répartissez les miettes de crumble sur le tartare de thon.

LE CONSEIL DE CYRIL

Pour faire vraiment de l'effet, servez ce crumble dans des verres transparents qui laisseront apparaître les différents ingrédients.

Tatin de fenouil au saumon et au citron confit

Pour **4 personnes** – Préparation : **15 minutes** – Cuisson : **30 minutes**

Difficulté : ★★ - Coût : €€

- 4 pavés de saumon de 150 g chacun environ, sans la peau et sans arêtes
- 2 bulbes de fenouil
- 1/2 citron confit
- 1 rouleau de pâte brisée
- 4 cuil. à soupe d'huile d'olive
- Sel, poivre

1 Préchauffez le four à 180 °C (th. 6). Ôtez les extrémités des bulbes de fenouil et enlevez la première couche de feuilles. Coupez les bulbes en tranches fines.

2 Coupez les pavés de saumon en longues lamelles de 1 cm d'épaisseur environ. Salez-les et poivrez-les. Découpez le demi-citron confit en petits dés.

3 Faites chauffer l'huile à feu vif dans une poêle antiadhésive. Ajoutez les tranches de fenouil à dorer, 3 min par côté.

4 Étalez les tranches de fenouil dans un moule antiadhésif. Répartissez les dés de citron confit et les lamelles de saumon dessus. Recouvrez-les avec la pâte. Coupez ses bords si elle est trop grande et faites-la entrer dans le moule. Piquez-la avec la pointe d'un couteau. Enfournez et laissez cuire pendant 20 min.

5 Sortez le moule du four, posez dessus le plat de service, retournez le tout d'un coup sec puis retirez le moule.

LE CONSEIL DE CYRIL

Vous pouvez accompagner cette tarte d'une vinaigrette mélangée avec les pluches de fenouil.

Tatins aux deux pommes et au foie gras

Pour **4 personnes** – Préparation : **10 minutes** – Cuisson : **30 minutes**

Difficulté : ★★ - Coût : €€€

- 250 g de foie gras de canard mi-cuit
- 2 pommes golden
- 2 belles pommes de terre
- 200 g de salade de mâche
- 1 rouleau de pâte feuilletée
- 4 cuil. à soupe de graisse de canard ou d'huile
- 6 cuil. à soupe d'huile de noix
- 2 cuil. à soupe de vinaigre de vin vieux
- 1 cuil. à café de paprika
- 1 cuil. à café de cannelle
- Sel, poivre

1 Préchauffez le four à 180 °C (th. 6). Pelez les pommes de terre et coupez-les en tranches de 0,5 cm d'épaisseur environ. Essuyez-les bien. Faites chauffer la graisse de canard à feu vif dans une poêle antiadhésive. Quand elle est chaude, posez-y les tranches de pommes de terre sans qu'elles se chevauchent. Salez-les et faites-les cuire environ 3 min sans les retourner, jusqu'à ce qu'elles soient bien dorées d'un côté. Égouttez-les sur du papier absorbant.

2 Coupez les pommes en quartiers, pelez-les, retirez le trognon et débitez-les en fines lamelles. Posez les tranches de pommes de terre dans 4 moules à tartelette antiadhésifs, côté cuit contre le fond, en les faisant se chevaucher légèrement. Salez, poivrez. Posez les lamelles de pommes dessus, puis saupoudrez de paprika et de cannelle.

3 Découpez des disques de pâte à l'aide de l'un des moules vides. Posez-les sur les pommes et faites entrer la pâte à l'intérieur. Piquez-la avec un couteau. Enfournez et laissez cuire pendant 25 min.

4 Pendant la cuisson des tartes, mélangez l'huile et le vinaigre. Salez et poivrez. Versez la vinaigrette sur la salade et mélangez. Coupez le foie gras en dés de 1 cm de côté environ.

5 Sortez les moules du four. Posez les assiettes de service dessus, retournez d'un coup sec puis retirez les moules. Répartissez les dés de foie gras sur chaque tarte. Servez avec la salade.

Le conseil de Cyril

Pour cette recette festive, vous pouvez remplacer les pommes par des poires, et la mâche par des pousses d'épinards.

Tatin de boudin et d'oignons

Pour **4 personnes** – Préparation : **15 minutes** – Cuisson : **50 minutes** – Repos : **5 minutes**
Difficulté : ★★ - Coût : €€

- 4 boudins noirs
- 6 oignons
- 50 g de raisins secs
- 2 noix de beurre
- 1 rouleau de pâte feuilletée
- 4 cuil. à soupe d'huile
- Sel, poivre

1 Préchauffez le four à 200 °C (th. 7). Pelez les oignons, coupez-les en deux puis en fines lamelles. Faites chauffer l'huile et le beurre à feu doux dans une poêle antiadhésive. Versez-y les lamelles d'oignons et les raisins. Salez et poivrez. Laissez cuire 20 min, jusqu'à ce que les oignons soient bien translucides et très mous.

2 Pendant la cuisson des oignons, coupez les boudins en tranches de 1 cm d'épaisseur environ. Quand les oignons sont cuits, retirez-les de la poêle. Posez-y les tranches de boudin et faites-les dorer sur un seul côté, pendant 1 min environ.

3 Répartissez les tranches de boudin en une couche dans un moule antiadhésif, côté cuit contre le fond. Salez et poivrez. Étalez par-dessus les oignons cuits. Recouvrez-les avec la pâte. Coupez ses bords si elle est trop grande et faites-la entrer dans le moule. Piquez-la avec la pointe d'un couteau. Enfournez et laissez cuire pendant 25 min.

4 Sortez le moule du four. Laissez reposer 5 min. Posez dessus le plat de service, retournez le tout d'un coup sec puis retirez le moule.

LE CONSEIL DE CYRIL

Pour renforcer son goût sucré-salé, vous pouvez servir cette tarte avec de la compote de pommes dans laquelle vous aurez ajouté un peu de vinaigre de cidre.

Natacha Arnoult remercie toute l'équipe du studio Paquebot pour sa bonne humeur
et Valéry pour sa gentillesse et son professionnalisme.

Direction : Stephen Bateman
Direction éditoriale : Pierre-Jean Furet
Édition : Christine Martin
Correction : Carine Barth
Conception intérieure : Dune Lunel
Réalisation intérieure : MCP
Couverture : Claire Guigal
Fabrication : Amélie Latsch

Dépôt légal : janvier 2007
ISBN : 978-2-0162-1049-9
62-66-1049-01-6

Impression : G. Canale & C.S.p.A., Turin (Italie).